What I ate today

Breakfast: Lunch: Dinner:

_____   _____   _____

_____   _____   _____

_____   _____   _____

Snacks: _____

I drank ____ glasses of water today.

▢ ▢ ▢ ▢ ▢ ▢ ▢ ▢

I slept ____ hours last night.

Some of today's activities that got me moving!

Today I felt happy about:

Things I can work on tomorrow:

Date: _____

What I Ate Today:

Breakfast: Lunch: Dinner:

_____   _____   _____

_____   _____   _____

_____   _____   _____

Snacks: _____

I drank ___ glasses of water today.

▯ ▯ ▯ ▯ ▯ ▯ ▯ ▯

I slept ___ hours last night.

Some of today's activities that got me moving!

Today I felt happy about:

Things I can work on tomorrow:

Date: _____

What I Ate Today:

Breakfast: Lunch: Dinner:

_____   _____   _____

_____   _____   _____

_____   _____   _____

Snacks: _____

I drank ___ glasses of water today.

▯ ▯ ▯ ▯ ▯ ▯ ▯ ▯

I slept ___ hours last night.

Some of today's activities that got me moving!

Today I felt happy about:

Things I can work on tomorrow:

DATE: _____

WHAT I ATE TODAY:

BREAKFAST: LUNCH: DINNER:

_____   _____   _____

_____   _____   _____

_____   _____   _____

SNACKS: _____

I DRANK ___ GLASSES OF WATER TODAY.

▭ ▭ ▭ ▭ ▭ ▭ ▭ ▭

I SLEPT ___ HOURS LAST NIGHT.

SOME OF TODAY'S ACTIVITIES THAT GOT ME MOVING!

TODAY I FELT HAPPY ABOUT:

THINGS I CAN WORK ON TOMORROW:

Date: _____

What I ate Today:

Breakfast: Lunch: Dinner:

_____   _____   _____

_____   _____   _____

_____   _____   _____

Snacks: _____

I drank ____ glasses of water today.

▯ ▯ ▯ ▯ ▯ ▯ ▯ ▯

I slept ____ hours last night.

Some of today's activities that got me moving!

Today I felt happy about:

Things I can work on tomorrow:

DATE: _____

What I ate Today:

Breakfast: Lunch: Dinner:

_____   _____   _____

_____   _____   _____

_____   _____   _____

Snacks: _____

I drank ____ glasses of water today.

▯ ▯ ▯ ▯ ▯ ▯ ▯ ▯

I slept ____ hours last night.

Some of today's activities that got me moving!

Today I felt happy about:

Things I can work on tomorrow:

Date: _____

What I Ate Today:

Breakfast: **Lunch:** **Dinner:**

_____ _____ _____

_____ _____ _____

_____ _____ _____

Snacks: _____

I drank ___ glasses of water today.

▯ ▯ ▯ ▯ ▯ ▯ ▯ ▯

I slept ___ hours last night.

Some of today's activities that got me moving!

Today I felt happy about:

Things I can work on tomorrow:

DATE: _____

What I ate today:

Breakfast:
_____
_____
_____

Lunch:
_____
_____
_____

Dinner:
_____
_____
_____

Snacks: _____

I drank ____ glasses of water today.

☐ ☐ ☐ ☐ ☐ ☐ ☐ ☐

I slept ____ hours last night.

Some of today's activities that got me moving!

Today I felt happy about:

Things I can work on tomorrow:

Date: _____

What I Ate Today:

Breakfast: Lunch: Dinner:

_____   _____   _____

_____   _____   _____

_____   _____   _____

Snacks: _____

I drank ___ glasses of water today.

▯ ▯ ▯ ▯ ▯ ▯ ▯ ▯

I slept ___ hours last night.

Some of Today's Activities That Got Me Moving!

Today I felt happy about:

Things I can work on tomorrow:

Date: _____

What I Ate Today:

Breakfast: **Lunch:**   **Dinner:**

_____   _____   _____

_____   _____   _____

_____   _____   _____

Snacks: _____

I drank ____ glasses of water today.

▯ ▯ ▯ ▯ ▯ ▯ ▯ ▯

I slept ____ hours last night.

Some of Today's Activities That Got Me Moving!

Today I felt happy about:

Things I can work on tomorrow:

Date: _____

What I Ate Today:

Breakfast: Lunch: Dinner:

_____   _____   _____

_____   _____   _____

_____   _____   _____

Snacks: _____

I drank ___ glasses of water today.

▢ ▢ ▢ ▢ ▢ ▢ ▢ ▢

I slept ___ hours last night.

Some of today's activities that got me moving!

Today I felt happy about:

Things I can work on tomorrow:

Date: _____

What I Ate Today:

Breakfast: Lunch: Dinner:

_____   _____   _____

_____   _____   _____

_____   _____   _____

Snacks: _____

I drank ____ glasses of water today.

☐ ☐ ☐ ☐ ☐ ☐ ☐ ☐

I slept ____ hours last night.

Some of Today's Activities That Got Me Moving!

Today I felt happy about:

Things I can work on tomorrow:

DATE: _____

What I ate today:

Breakfast:	Lunch:	Dinner:
_____	_____	_____
_____	_____	_____
_____	_____	_____

Snacks: _____

I drank ___ glasses of water today.

▢ ▢ ▢ ▢ ▢ ▢ ▢ ▢

I slept ___ hours last night.

Some of today's activities that got me moving!

Today I felt happy about:

Things I can work on tomorrow:

Date: _____

What I Ate Today:

Breakfast: Lunch: Dinner:

_____   _____   _____

_____   _____   _____

_____   _____   _____

Snacks: _____

I drank ____ glasses of water today.

I slept ____ hours last night.

Some of Today's Activities That Got Me Moving!

Today I felt happy about:

Things I can work on tomorrow:

DATE: _____

WHAT I ATE TODAY:

BREAKFAST: LUNCH: DINNER:

_____ _____ _____

_____ _____ _____

_____ _____ _____

SNACKS: _____

I DRANK ___ GLASSES OF WATER TODAY.

▯ ▯ ▯ ▯ ▯ ▯ ▯ ▯

I SLEPT ___ HOURS LAST NIGHT.

SOME OF TODAY'S ACTIVITIES THAT GOT ME MOVING!

TODAY I FELT HAPPY ABOUT:

THINGS I CAN WORK ON TOMORROW:

DATE: _____

What I Ate Today:

Breakfast: Lunch: Dinner:

_____ _____ _____

_____ _____ _____

_____ _____ _____

Snacks: _____

I drank ___ glasses of water today.

☐ ☐ ☐ ☐ ☐ ☐ ☐ ☐

I slept ___ hours last night.

Some of Today's Activities That Got Me Moving!

Today I felt happy about:

Things I can work on tomorrow:

Date: _____

What I Ate Today:

Breakfast: Lunch: Dinner:

_____   _____   _____

_____   _____   _____

_____   _____   _____

Snacks: _____

I drank ___ glasses of water today.

▯ ▯ ▯ ▯ ▯ ▯ ▯ ▯

I slept ___ hours last night.

Some of Today's Activities That Got Me Moving!

Today I felt happy about:

Things I can work on tomorrow:

Date: _____

What I Ate Today:

Breakfast: Lunch: Dinner:

_____   _____   _____

_____   _____   _____

_____   _____   _____

Snacks: _____

I drank ___ glasses of water today.

▯ ▯ ▯ ▯ ▯ ▯ ▯ ▯

I slept ___ hours last night.

Some of today's activities that got me moving!

Today I felt happy about:

Things I can work on tomorrow:

Date: _____

What I Ate Today:

Breakfast:　　　　Lunch:　　　　Dinner:

_____　　_____　　_____

_____　　_____　　_____

_____　　_____　　_____

Snacks: _____

I drank ___ glasses of water today.

☐ ☐ ☐ ☐ ☐ ☐ ☐ ☐

I slept ___ hours last night.

Some of today's activities that got me moving!

Today I felt happy about:

Things I can work on tomorrow:

Date: _____

What I Ate Today:

Breakfast: Lunch: Dinner:

_____ _____ _____

_____ _____ _____

_____ _____ _____

Snacks: _____

I drank ___ glasses of water today.

I slept ___ hours last night.

Some of Today's Activities That Got Me Moving!

Today I felt happy about:

Things I can work on tomorrow:

DATE: _____

WHAT I ATE TODAY:

BREAKFAST: LUNCH: DINNER:

_____   _____   _____

_____   _____   _____

_____   _____   _____

SNACKS: _____

I DRANK ____ GLASSES OF WATER TODAY.

▢ ▢ ▢ ▢ ▢ ▢ ▢ ▢

I SLEPT ____ HOURS LAST NIGHT.

SOME OF TODAY'S ACTIVITIES THAT GOT ME MOVING!

TODAY I FELT HAPPY ABOUT:

THINGS I CAN WORK ON TOMORROW:

DATE: _____

WHAT I ATE TODAY:

BREAKFAST: LUNCH: DINNER:

_____   _____   _____

_____   _____   _____

_____   _____   _____

SNACKS: _____

I DRANK ____ GLASSES OF WATER TODAY.

▯ ▯ ▯ ▯ ▯ ▯ ▯ ▯

I SLEPT ____ HOURS LAST NIGHT.

SOME OF TODAY'S ACTIVITIES THAT GOT ME MOVING!

TODAY I FELT HAPPY ABOUT:

THINGS I CAN WORK ON TOMORROW:

Date: _____

What I Ate Today:

Breakfast: Lunch: Dinner:

_____ _____ _____

_____ _____ _____

_____ _____ _____

Snacks: _____

I drank ___ glasses of water today.

▭ ▭ ▭ ▭ ▭ ▭ ▭ ▭

I slept ___ hours last night.

Some of Today's Activities that Got Me Moving!

Today I felt happy about:

Things I can work on tomorrow:

Date: _____

What I Ate Today:

Breakfast: Lunch: Dinner:

_____   _____   _____

_____   _____   _____

_____   _____   _____

Snacks: _____

I drank ___ glasses of water today.

I slept ___ hours last night.

Some of Today's Activities That Got Me Moving!

Today I felt happy about:

Things I can work on tomorrow:

DATE: _____

What I Ate Today:

Breakfast:　　　**Lunch:**　　　**Dinner:**

_____　_____　_____

_____　_____　_____

_____　_____　_____

Snacks: _____

I drank ____ glasses of water today.

▯ ▯ ▯ ▯ ▯ ▯ ▯ ▯

I slept ____ hours last night.

Some of today's activities that got me moving!

Today I felt happy about:

Things I can work on tomorrow:

Date: _____

What I Ate Today:

Breakfast: Lunch: Dinner:

_____   _____   _____

_____   _____   _____

_____   _____   _____

Snacks: _____

I drank ____ glasses of water today.

▢ ▢ ▢ ▢ ▢ ▢ ▢ ▢

I slept ____ hours last night.

Some of Today's Activities That Got Me Moving!

Today I felt happy about:

Things I can work on tomorrow:

Date: _____

What I Ate Today:

Breakfast: Lunch: Dinner:

_____   _____   _____

_____   _____   _____

_____   _____   _____

Snacks: _____

I drank ____ glasses of water today.

▢ ▢ ▢ ▢ ▢ ▢ ▢ ▢

I slept ____ hours last night.

Some of today's activities that got me moving!

Today I felt happy about:

Things I can work on tomorrow:

Date: _____

What I Ate Today:

Breakfast: Lunch: Dinner:

_____   _____   _____

_____   _____   _____

_____   _____   _____

Snacks: _____

I drank ___ glasses of water today.

▯ ▯ ▯ ▯ ▯ ▯ ▯ ▯

I slept ___ hours last night.

Some of today's activities that got me moving!

Today I felt happy about:

Things I can work on tomorrow:

Date: _____

What I Ate Today:

Breakfast: Lunch: Dinner:

_____   _____   _____

_____   _____   _____

_____   _____   _____

Snacks: _____

I drank ___ glasses of water today.

I slept ___ hours last night.

Some of today's activities that got me moving!

Today I felt happy about:

Things I can work on tomorrow:

DATE: _____

What I Ate Today:

Breakfast: Lunch: Dinner:
_____   _____   _____
_____   _____   _____
_____   _____   _____

Snacks: _____

I drank ___ glasses of water today.

⌴ ⌴ ⌴ ⌴ ⌴ ⌴ ⌴ ⌴

I slept ___ hours last night.

Some of today's activities that got me moving!

Today I felt happy about:

Things I can work on tomorrow:

Date: _____

What I ate Today:

Breakfast: Lunch: Dinner:

_____   _____   _____

_____   _____   _____

_____   _____   _____

Snacks: _____

I drank ____ glasses of water today.

▢ ▢ ▢ ▢ ▢ ▢ ▢ ▢

I slept ____ hours last night.

Some of today's activities that got me moving!

Today I felt happy about:

Things I can work on tomorrow:

DATE: _____

WHAT I ATE TODAY:

BREAKFAST: LUNCH: DINNER:

_____   _____   _____

_____   _____   _____

_____   _____   _____

SNACKS: _____

I DRANK ___ GLASSES OF WATER TODAY.

🥛 🥛 🥛 🥛 🥛 🥛 🥛 🥛

I SLEPT ___ HOURS LAST NIGHT.

SOME OF TODAY'S ACTIVITIES THAT GOT ME MOVING!

TODAY I FELT HAPPY ABOUT:

THINGS I CAN WORK ON TOMORROW:

DATE: _____

What I Ate Today:

Breakfast: **Lunch:**   **Dinner:**

_____   _____   _____

_____   _____   _____

_____   _____   _____

Snacks: _____

I drank ____ glasses of water today.

▢ ▢ ▢ ▢ ▢ ▢ ▢ ▢

I slept ____ hours last night.

Some of Today's Activities That Got Me Moving!

Today I felt happy about:

Things I can work on tomorrow:

DATE: _____

WHAT I ATE TODAY:

BREAKFAST: LUNCH: DINNER:

_____   _____   _____

_____   _____   _____

_____   _____   _____

SNACKS: _____

I DRANK ____ GLASSES OF WATER TODAY.

☐ ☐ ☐ ☐ ☐ ☐ ☐ ☐

I SLEPT ____ HOURS LAST NIGHT.

SOME OF TODAY'S ACTIVITIES THAT GOT ME MOVING!

TODAY I FELT HAPPY ABOUT:

THINGS I CAN WORK ON TOMORROW:

Date: _____

What I Ate Today:

Breakfast:　　　**Lunch:**　　　**Dinner:**

_____　_____　_____

_____　_____　_____

_____　_____　_____

Snacks: _____

I drank ____ glasses of water today.

▢ ▢ ▢ ▢ ▢ ▢ ▢ ▢

I slept ____ hours last night.

Some of today's activities that got me moving!

Today I felt happy about:

Things I can work on tomorrow:

DATE: _____

What I Ate Today:

Breakfast:　　　　Lunch:　　　　Dinner:

_____　　_____　　_____

_____　　_____　　_____

_____　　_____　　_____

Snacks: _____

I drank ___ glasses of water today.

I slept ___ hours last night.

Some of Today's Activities That Got Me Moving!

Today I felt happy about:

Things I can work on tomorrow:

DATE: _____

What I ate today:

Breakfast:
_____
_____
_____

Lunch:
_____
_____
_____

Dinner:
_____
_____
_____

Snacks: _____

I drank ___ glasses of water today.

▯ ▯ ▯ ▯ ▯ ▯ ▯ ▯

I slept ___ hours last night.

Some of today's activities that got me moving!

Today I felt happy about:

Things I can work on tomorrow:

Date: _____

What I Ate Today:

Breakfast: Lunch: Dinner:

_____ _____ _____

_____ _____ _____

_____ _____ _____

Snacks: _____

I drank ____ glasses of water today.

I slept ____ hours last night.

Some of Today's Activities That Got Me Moving!

Today I felt happy about:

Things I can work on tomorrow:

Date: _____

What I Ate Today:

Breakfast:　　　Lunch:　　　Dinner:

_____　_____　_____

_____　_____　_____

_____　_____　_____

Snacks: _____

I drank ____ glasses of water today.

I slept ____ hours last night.

Some of today's activities that got me moving!

Today I felt happy about:

Things I can work on tomorrow:

Date: _____

What I Ate Today:

Breakfast: Lunch: Dinner:

_____   _____   _____

_____   _____   _____

_____   _____   _____

Snacks: _____

I drank ____ glasses of water today.

▢ ▢ ▢ ▢ ▢ ▢ ▢ ▢

I slept ____ hours last night.

Some of Today's Activities That Got Me Moving!

Today I felt happy about:

Things I can work on tomorrow:

Date: _____

What I Ate Today:

Breakfast: Lunch: Dinner:

_____   _____   _____

_____   _____   _____

_____   _____   _____

Snacks: _____

I drank ____ glasses of water today.

▢ ▢ ▢ ▢ ▢ ▢ ▢ ▢

I slept ____ hours last night.

Some of Today's Activities That Got Me Moving!

Today I felt happy about:

Things I can work on tomorrow:

Date: _____

What I Ate Today:

Breakfast: Lunch: Dinner:

_____ _____ _____

_____ _____ _____

_____ _____ _____

Snacks: _____

I drank ___ glasses of water today.

▯ ▯ ▯ ▯ ▯ ▯ ▯ ▯

I slept ___ hours last night.

Some of today's activities that got me moving!

Today I felt happy about:

Things I can work on tomorrow:

Date: _____

What I Ate Today:

Breakfast: | **Lunch:** | **Dinner:**
_____ | _____ | _____
_____ | _____ | _____
_____ | _____ | _____

Snacks: _____

I drank ____ glasses of water today.

▯ ▯ ▯ ▯ ▯ ▯ ▯ ▯

I slept ____ hours last night.

Some of today's activities that got me moving!

Today I felt happy about:

Things I can work on tomorrow:

Date: _____

What I Ate Today:

Breakfast: Lunch: Dinner:

_____   _____   _____

_____   _____   _____

_____   _____   _____

Snacks: _____

I drank ____ glasses of water today.

I slept ____ hours last night.

Some of today's activities that got me moving!

Today I felt happy about:

Things I can work on tomorrow:

DATE: _____

What I Ate Today:

Breakfast: **Lunch:**   **Dinner:**

_____   _____   _____

_____   _____   _____

_____   _____   _____

Snacks: _____

I drank ____ glasses of water today.

I slept ____ hours last night.

Some of today's activities that got me moving!

Today I felt happy about:

Things I can work on tomorrow:

DATE: _____

WHAT I ATE TODAY:

BREAKFAST: LUNCH: DINNER:

_____   _____   _____

_____   _____   _____

_____   _____   _____

SNACKS: _____

I DRANK ____ GLASSES OF WATER TODAY.

▯ ▯ ▯ ▯ ▯ ▯ ▯ ▯

I SLEPT ____ HOURS LAST NIGHT.

SOME OF TODAY'S ACTIVITIES THAT GOT ME MOVING!

TODAY I FELT HAPPY ABOUT:

THINGS I CAN WORK ON TOMORROW:

Date: _____

What I Ate Today:

Breakfast: Lunch: Dinner:

_____   _____   _____

_____   _____   _____

_____   _____   _____

Snacks: _____

I drank ___ glasses of water today.

▯ ▯ ▯ ▯ ▯ ▯ ▯ ▯

I slept ___ hours last night.

Some of Today's Activities That Got Me Moving!

Today I felt happy about:

Things I can work on tomorrow:

DATE: _____

What I Ate Today:

Breakfast: Lunch: Dinner:

_____   _____   _____

_____   _____   _____

_____   _____   _____

Snacks: _____

I drank ___ glasses of water today.

▢ ▢ ▢ ▢ ▢ ▢ ▢ ▢

I slept ___ hours last night.

Some of Today's Activities That Got Me Moving!

Today I felt happy about:

Things I can work on tomorrow:

DATE: _____

WHAT I ATE TODAY:

BREAKFAST: **LUNCH:**   **DINNER:**

_____   _____   _____

_____   _____   _____

_____   _____   _____

SNACKS: _____

I DRANK ____ GLASSES OF WATER TODAY.

▢ ▢ ▢ ▢ ▢ ▢ ▢ ▢

I SLEPT ____ HOURS LAST NIGHT.

SOME OF TODAY'S ACTIVITIES THAT GOT ME MOVING!

TODAY I FELT HAPPY ABOUT:

THINGS I CAN WORK ON TOMORROW:

Date: _____

What I Ate Today:

Breakfast: Lunch: Dinner:

_____   _____   _____

_____   _____   _____

_____   _____   _____

Snacks: _____

I drank ____ glasses of water today.

▯ ▯ ▯ ▯ ▯ ▯ ▯ ▯

I slept ____ hours last night.

Some of today's activities that got me moving!

Today I felt happy about:

Things I can work on tomorrow:

DATE: _____

WHAT I ATE TODAY:

BREAKFAST: LUNCH: DINNER:
_____   _____   _____
_____   _____   _____
_____   _____   _____

SNACKS: _____

I DRANK ____ GLASSES OF WATER TODAY.

▯ ▯ ▯ ▯ ▯ ▯ ▯ ▯

I SLEPT ____ HOURS LAST NIGHT.

SOME OF TODAY'S ACTIVITIES THAT GOT ME MOVING!

TODAY I FELT HAPPY ABOUT:

THINGS I CAN WORK ON TOMORROW:

DATE: _____

WHAT I ATE TODAY:

BREAKFAST: LUNCH: DINNER:

_____   _____   _____

_____   _____   _____

_____   _____   _____

SNACKS: _____

I DRANK ___ GLASSES OF WATER TODAY.

☐ ☐ ☐ ☐ ☐ ☐ ☐ ☐

I SLEPT ___ HOURS LAST NIGHT.

SOME OF TODAY'S ACTIVITIES THAT GOT ME MOVING!

TODAY I FELT HAPPY ABOUT:

THINGS I CAN WORK ON TOMORROW:

Date: _____

What I Ate Today:

Breakfast:　　　　Lunch:　　　　Dinner:

_____　　_____　　_____

_____　　_____　　_____

_____　　_____　　_____

Snacks: _____

I drank ____ glasses of water today.

▭ ▭ ▭ ▭ ▭ ▭ ▭ ▭

I slept ____ hours last night.

Some of Today's Activities That Got Me Moving!

Today I felt happy about:

Things I can work on tomorrow:

DATE: _____

What I ate today:

Breakfast: **Lunch:** **Dinner:**

_____ _____ _____

_____ _____ _____

_____ _____ _____

Snacks: _____

I drank ___ glasses of water today.

▯ ▯ ▯ ▯ ▯ ▯ ▯ ▯

I slept ___ hours last night.

Some of today's activities that got me moving!

Today I felt happy about:

Things I can work on tomorrow:

Date: _____

What I Ate Today:

Breakfast:
_____
_____
_____

Lunch:
_____
_____
_____

Dinner:
_____
_____
_____

Snacks: _____

I drank ___ glasses of water today.

▯ ▯ ▯ ▯ ▯ ▯ ▯ ▯

I slept ___ hours last night.

Some of today's activities that got me moving!

Today I felt happy about:

Things I can work on tomorrow:

DATE: _____

What I Ate Today:

Breakfast: Lunch: Dinner:

_____   _____   _____

_____   _____   _____

_____   _____   _____

Snacks: _____

I drank ____ glasses of water today.

☐ ☐ ☐ ☐ ☐ ☐ ☐ ☐

I slept ____ hours last night.

Some of today's activities that got me moving!

Today I felt happy about:

Things I can work on tomorrow:

DATE: _____

What I ate today:

Breakfast:　　**Lunch:**　　**Dinner:**

_____　_____　_____

_____　_____　_____

_____　_____　_____

Snacks: _____

I drank ____ glasses of water today.

⬜ ⬜ ⬜ ⬜ ⬜ ⬜ ⬜ ⬜

I slept ____ hours last night.

Some of today's activities that got me moving!

Today I felt happy about:

Things I can work on tomorrow:

DATE: _____

What I ate today:

Breakfast:	Lunch:	Dinner:
_____	_____	_____
_____	_____	_____
_____	_____	_____

Snacks: _____

I drank ____ glasses of water today.

▯ ▯ ▯ ▯ ▯ ▯ ▯ ▯

I slept ____ hours last night.

Some of today's activities that got me moving!

Today I felt happy about:

Things I can work on tomorrow:

Date: _____

What I Ate Today:

Breakfast: **Lunch:**   **Dinner:**
_____   _____   _____
_____   _____   _____
_____   _____   _____

Snacks: _____

I drank ____ glasses of water today.

I slept ____ hours last night.

Some of Today's Activities That Got Me Moving!

Today I felt happy about:

Things I can work on tomorrow:

Date: _____

What I Ate Today:

Breakfast:	Lunch:	Dinner:
_____	_____	_____
_____	_____	_____
_____	_____	_____

Snacks: _____

I drank ___ glasses of water today.

▭ ▭ ▭ ▭ ▭ ▭ ▭ ▭

I slept ___ hours last night.

Some of today's activities that got me moving!

Today I felt happy about:

Things I can work on tomorrow:

DATE: _____

What I ate today:

Breakfast:
_____
_____
_____

Lunch:
_____
_____
_____

Dinner:
_____
_____
_____

Snacks: _____

I drank ___ glasses of water today.

▯ ▯ ▯ ▯ ▯ ▯ ▯ ▯

I slept ___ hours last night.

Some of today's activities that got me moving!

Today I felt happy about:

Things I can work on tomorrow:

Date: _____

What I Ate Today:

Breakfast:　　　Lunch:　　　Dinner:

_____　　　_____　　　_____

_____　　　_____　　　_____

_____　　　_____　　　_____

Snacks: _____

I drank ___ glasses of water today.

▯ ▯ ▯ ▯ ▯ ▯ ▯ ▯

I slept ___ hours last night.

Some of today's activities that got me moving!

Today I felt happy about:

Things I can work on tomorrow:

Date: _____

What I Ate Today:

Breakfast: **Lunch:** **Dinner:**

_____ _____ _____

_____ _____ _____

_____ _____ _____

Snacks: _____

I drank ___ glasses of water today.

▯ ▯ ▯ ▯ ▯ ▯ ▯ ▯

I slept ___ hours last night.

Some of today's activities that got me moving!

Today I felt happy about:

Things I can work on tomorrow:

DATE: _____

WHAT I ATE TODAY:

BREAKFAST: LUNCH: DINNER:

_____   _____   _____

_____   _____   _____

_____   _____   _____

SNACKS: _____

I DRANK ____ GLASSES OF WATER TODAY.

▢ ▢ ▢ ▢ ▢ ▢ ▢ ▢

I SLEPT ____ HOURS LAST NIGHT.

SOME OF TODAY'S ACTIVITIES THAT GOT ME MOVING!

TODAY I FELT HAPPY ABOUT:

THINGS I CAN WORK ON TOMORROW:

Date: _____

What I Ate Today:

Breakfast: **Lunch:** **Dinner:**

_____ _____ _____

_____ _____ _____

_____ _____ _____

Snacks: _____

I drank ___ glasses of water today.

▯ ▯ ▯ ▯ ▯ ▯ ▯ ▯

I slept ___ hours last night.

Some of today's activities that got me moving!

Today I felt happy about:

Things I can work on tomorrow:

Date: _____

What I Ate Today:

Breakfast: **Lunch:** **Dinner:**

_____ _____ _____

_____ _____ _____

_____ _____ _____

Snacks: _____

I drank ____ glasses of water today.

▯ ▯ ▯ ▯ ▯ ▯ ▯ ▯

I slept ____ hours last night.

Some of today's activities that got me moving!

Today I felt happy about:

Things I can work on tomorrow:

DATE: _____

WHAT I ATE TODAY:

BREAKFAST: **LUNCH:** **DINNER:**

_____ _____ _____

_____ _____ _____

_____ _____ _____

SNACKS: _____

I DRANK ____ GLASSES OF WATER TODAY.

☐ ☐ ☐ ☐ ☐ ☐ ☐ ☐

I SLEPT ____ HOURS LAST NIGHT.

SOME OF TODAY'S ACTIVITIES THAT GOT ME MOVING!

TODAY I FELT HAPPY ABOUT:

THINGS I CAN WORK ON TOMORROW:

Date: _____

What I Ate Today:

Breakfast: **Lunch:** **Dinner:**

_____   _____   _____

_____   _____   _____

_____   _____   _____

Snacks: _____

I drank ____ glasses of water today.

▯ ▯ ▯ ▯ ▯ ▯ ▯ ▯

I slept ____ hours last night.

Some of today's activities that got me moving!

Today I felt happy about:

Things I can work on tomorrow:

Date: _____

What I Ate Today:

Breakfast: Lunch: Dinner:

_____   _____   _____

_____   _____   _____

_____   _____   _____

Snacks: _____

I drank ____ glasses of water today.

▯ ▯ ▯ ▯ ▯ ▯ ▯ ▯

I slept ____ hours last night.

Some of today's activities that got me moving!

Today I felt happy about:

Things I can work on tomorrow:

Date: _____

What I Ate Today:

Breakfast: Lunch: Dinner:

_____   _____   _____

_____   _____   _____

_____   _____   _____

Snacks: _____

I drank ___ glasses of water today.

▢ ▢ ▢ ▢ ▢ ▢ ▢ ▢

I slept ___ hours last night.

Some of today's activities that got me moving!

Today I felt happy about:

Things I can work on tomorrow:

DATE: _____

WHAT I ATE TODAY:

BREAKFAST: LUNCH: DINNER:

_____   _____   _____

_____   _____   _____

_____   _____   _____

SNACKS: _____

I DRANK ___ GLASSES OF WATER TODAY.

▢ ▢ ▢ ▢ ▢ ▢ ▢ ▢

I SLEPT ___ HOURS LAST NIGHT.

SOME OF TODAY'S ACTIVITIES THAT GOT ME MOVING!

TODAY I FELT HAPPY ABOUT:

THINGS I CAN WORK ON TOMORROW:

Date: _____

What I Ate Today:

Breakfast: Lunch: Dinner:

_____ _____ _____

_____ _____ _____

_____ _____ _____

Snacks: _____

I drank ____ glasses of water today.

▢ ▢ ▢ ▢ ▢ ▢ ▢ ▢

I slept ____ hours last night.

Some of Today's Activities That Got Me Moving!

Today I Felt Happy About:

Things I Can Work On Tomorrow:

DATE: _____

WHAT I ATE TODAY:

BREAKFAST: LUNCH: DINNER:

_____   _____   _____

_____   _____   _____

_____   _____   _____

SNACKS: _____

I DRANK ____ GLASSES OF WATER TODAY.

▯ ▯ ▯ ▯ ▯ ▯ ▯ ▯

I SLEPT ____ HOURS LAST NIGHT.

SOME OF TODAY'S ACTIVITIES THAT GOT ME MOVING!

TODAY I FELT HAPPY ABOUT:

THINGS I CAN WORK ON TOMORROW:

DATE: _____

WHAT I ATE TODAY:

BREAKFAST: LUNCH: DINNER:
_____   _____   _____
_____   _____   _____
_____   _____   _____

SNACKS: _____

I DRANK ___ GLASSES OF WATER TODAY.

☐ ☐ ☐ ☐ ☐ ☐ ☐ ☐

I SLEPT ___ HOURS LAST NIGHT.

SOME OF TODAY'S ACTIVITIES THAT GOT ME MOVING!

TODAY I FELT HAPPY ABOUT:

THINGS I CAN WORK ON TOMORROW:

DATE: _____

WHAT I ATE TODAY:

BREAKFAST: LUNCH: DINNER:

_____   _____   _____

_____   _____   _____

_____   _____   _____

SNACKS: _____

I DRANK ____ GLASSES OF WATER TODAY.

▯ ▯ ▯ ▯ ▯ ▯ ▯ ▯

I SLEPT ____ HOURS LAST NIGHT.

SOME OF TODAY'S ACTIVITIES THAT GOT ME MOVING!

TODAY I FELT HAPPY ABOUT:

THINGS I CAN WORK ON TOMORROW:

DATE: _____

WHAT I ATE TODAY:

BREAKFAST: LUNCH: DINNER:

_____   _____   _____

_____   _____   _____

_____   _____   _____

SNACKS: _____

I DRANK ____ GLASSES OF WATER TODAY.

▯ ▯ ▯ ▯ ▯ ▯ ▯ ▯

I SLEPT ____ HOURS LAST NIGHT.

SOME OF TODAY'S ACTIVITIES THAT GOT ME MOVING!

TODAY I FELT HAPPY ABOUT:

THINGS I CAN WORK ON TOMORROW:

Date: _____

What I Ate Today:

Breakfast: Lunch: Dinner:

_____   _____   _____

_____   _____   _____

_____   _____   _____

Snacks: _____

I drank ___ glasses of water today.

▯ ▯ ▯ ▯ ▯ ▯ ▯ ▯

I slept ___ hours last night.

Some of today's activities that got me moving!

Today I felt happy about:

Things I can work on tomorrow:

Date: _____

What I Ate Today:

Breakfast: Lunch: Dinner:

_____   _____   _____

_____   _____   _____

_____   _____   _____

Snacks: _____

I drank ____ glasses of water today.

☐ ☐ ☐ ☐ ☐ ☐ ☐ ☐

I slept ____ hours last night.

Some of today's activities that got me moving!

Today I felt happy about:

Things I can work on tomorrow:

DATE: _____

What I ate today:

Breakfast:　　　**Lunch:**　　　**Dinner:**

_____　　　_____　　　_____

_____　　　_____　　　_____

_____　　　_____　　　_____

Snacks: _____

I drank ___ glasses of water today.

▯ ▯ ▯ ▯ ▯ ▯ ▯ ▯

I slept ___ hours last night.

Some of today's activities that got me moving!

Today I felt happy about:

Things I can work on tomorrow:

Date: _____

What I Ate Today:

Breakfast: Lunch: Dinner:

_____ _____ _____

_____ _____ _____

_____ _____ _____

Snacks: _____

I drank ____ glasses of water today.

▯ ▯ ▯ ▯ ▯ ▯ ▯ ▯

I slept ____ hours last night.

Some of today's activities that got me moving!

Today I felt happy about:

Things I can work on tomorrow:

Date: _____

What I ate Today:

Breakfast: Lunch: Dinner:

_____   _____   _____

_____   _____   _____

_____   _____   _____

Snacks: _____

I drank ____ glasses of water today.

I slept ____ hours last night.

Some of today's activities that got me moving!

Today I felt happy about:

Things I can work on tomorrow:

DATE: _____

What I Ate Today:

Breakfast: Lunch: Dinner:

_____   _____   _____

_____   _____   _____

_____   _____   _____

Snacks: _____

I drank ___ glasses of water today.

▯ ▯ ▯ ▯ ▯ ▯ ▯ ▯

I slept ___ hours last night.

Some of today's activities that got me moving!

Today I felt happy about:

Things I can work on tomorrow:

DATE: _____

WHAT I ATE TODAY:

BREAKFAST: LUNCH: DINNER:

_____   _____   _____

_____   _____   _____

_____   _____   _____

SNACKS: _____

I DRANK ____ GLASSES OF WATER TODAY.

▢ ▢ ▢ ▢ ▢ ▢ ▢ ▢

I SLEPT ____ HOURS LAST NIGHT.

SOME OF TODAY'S ACTIVITIES THAT GOT ME MOVING!

TODAY I FELT HAPPY ABOUT:

THINGS I CAN WORK ON TOMORROW:

DATE: _____

What I ate today:

Breakfast: Lunch: Dinner:

_____   _____   _____

_____   _____   _____

_____   _____   _____

Snacks: _____

I drank ___ glasses of water today.

▯ ▯ ▯ ▯ ▯ ▯ ▯ ▯

I slept ___ hours last night.

Some of today's activities that got me moving!

Today I felt happy about:

Things I can work on tomorrow:

Date: _____

What I Ate Today:

Breakfast: Lunch: Dinner:
_____   _____   _____
_____   _____   _____
_____   _____   _____

Snacks: _____

I drank ___ glasses of water today.

▯ ▯ ▯ ▯ ▯ ▯ ▯ ▯

I slept ___ hours last night.

Some of Today's Activities That Got Me Moving!

Today I felt happy about:

Things I can work on tomorrow:

Date: _____

What I Ate Today:

Breakfast: Lunch: Dinner:

_____   _____   _____

_____   _____   _____

_____   _____   _____

Snacks: _____

I drank ___ glasses of water today.

⬜ ⬜ ⬜ ⬜ ⬜ ⬜ ⬜ ⬜

I slept ___ hours last night.

Some of Today's Activities That Got Me Moving!

Today I felt happy about:

Things I can work on tomorrow:

Date: _____

What I Ate Today:

Breakfast: Lunch: Dinner:

_____   _____   _____

_____   _____   _____

_____   _____   _____

Snacks: _____

I drank ____ glasses of water today.

▯ ▯ ▯ ▯ ▯ ▯ ▯ ▯

I slept ____ hours last night.

Some of Today's Activities That Got Me Moving!

Today I felt happy about:

Things I can work on tomorrow:

Date: _____

What I Ate Today:

Breakfast:　　　Lunch:　　　Dinner:

_____　_____　_____

_____　_____　_____

_____　_____　_____

Snacks: _____

I drank ___ glasses of water today.

I slept ___ hours last night.

Some of Today's Activities That Got Me Moving!

Today I felt happy about:

Things I can work on tomorrow:

DATE: _____

What I ate today:

Breakfast:	Lunch:	Dinner:
_____	_____	_____
_____	_____	_____
_____	_____	_____

Snacks: _____

I drank ____ glasses of water today.

I slept ____ hours last night.

Some of today's activities that got me moving!

Today I felt happy about:

Things I can work on tomorrow:

DATE: _____

WHAT I ATE TODAY:

BREAKFAST: **LUNCH:** **DINNER:**

_____ _____ _____

_____ _____ _____

_____ _____ _____

SNACKS: _____

I DRANK ____ GLASSES OF WATER TODAY.

▯ ▯ ▯ ▯ ▯ ▯ ▯ ▯

I SLEPT ____ HOURS LAST NIGHT.

SOME OF TODAY'S ACTIVITIES THAT GOT ME MOVING!

TODAY I FELT HAPPY ABOUT:

THINGS I CAN WORK ON TOMORROW:

DATE: _____

What I ate today:

Breakfast: Lunch: Dinner:

_____ _____ _____

_____ _____ _____

_____ _____ _____

Snacks: _____

I drank ___ glasses of water today.

☐ ☐ ☐ ☐ ☐ ☐ ☐ ☐

I slept ___ hours last night.

Some of today's activities that got me moving!

Today I felt happy about:

Things I can work on tomorrow:

Date: _____

What I Ate Today:

Breakfast: **Lunch:** **Dinner:**

_____   _____   _____

_____   _____   _____

_____   _____   _____

Snacks: _____

I drank ____ glasses of water today.

▢ ▢ ▢ ▢ ▢ ▢ ▢ ▢

I slept ____ hours last night.

Some of Today's Activities That Got Me Moving!

Today I Felt Happy About:

Things I Can Work on Tomorrow:

Date: _____

What I ate today:

Breakfast: **Lunch:** **Dinner:**

Snacks: _____

I drank ___ glasses of water today.

☐ ☐ ☐ ☐ ☐ ☐ ☐

I slept ___ hours last night.

Some of today's activities that got me moving!

Today I felt happy about:

Things I can work on tomorrow:

DATE: _____

WHAT I ATE TODAY:

BREAKFAST: **LUNCH:**   **DINNER:**

_____   _____   _____

_____   _____   _____

_____   _____   _____

SNACKS: _____

I DRANK ____ GLASSES OF WATER TODAY.

☐ ☐ ☐ ☐ ☐ ☐ ☐ ☐

I SLEPT ____ HOURS LAST NIGHT.

SOME OF TODAY'S ACTIVITIES THAT GOT ME MOVING!

TODAY I FELT HAPPY ABOUT:

THINGS I CAN WORK ON TOMORROW:

Date: _____

What I Ate Today:

Breakfast: **Lunch:**   **Dinner:**

_____   _____   _____

_____   _____   _____

_____   _____   _____

Snacks: _____

I drank ____ glasses of water today.

▢ ▢ ▢ ▢ ▢ ▢ ▢ ▢

I slept ____ hours last night.

Some of Today's Activities That Got Me Moving!

Today I felt happy about:

Things I can work on tomorrow:

Date: _____

What I Ate Today:

Breakfast: Lunch: Dinner:

_____   _____   _____

_____   _____   _____

_____   _____   _____

Snacks: _____

I drank ___ glasses of water today.

▯ ▯ ▯ ▯ ▯ ▯ ▯ ▯

I slept ___ hours last night.

Some of Today's Activities That Got Me Moving!

Today I felt happy about:

Things I can work on tomorrow:

Date: _____

What I Ate Today:

Breakfast: Lunch: Dinner:
_____   _____   _____
_____   _____   _____
_____   _____   _____

Snacks: _____

I drank ___ glasses of water today.

▯ ▯ ▯ ▯ ▯ ▯ ▯ ▯

I slept ___ hours last night.

Some of today's activities that got me moving!

Today I felt happy about:

Things I can work on tomorrow:

Date: _____

What I Ate Today:

Breakfast: Lunch: Dinner:

_____   _____   _____

_____   _____   _____

_____   _____   _____

Snacks: _____

I drank ___ glasses of water today.

▯ ▯ ▯ ▯ ▯ ▯ ▯ ▯

I slept ___ hours last night.

Some of today's activities that got me moving!

Today I felt happy about:

Things I can work on tomorrow:

Date: _____

What I Ate Today:

Breakfast: Lunch: Dinner:

_____   _____   _____

_____   _____   _____

_____   _____   _____

Snacks: _____

I drank ____ glasses of water today.

I slept ____ hours last night.

Some of today's activities that got me moving!

Today I felt happy about:

Things I can work on tomorrow:

DATE: _____

What I Ate Today:

Breakfast: Lunch: Dinner:

_____   _____   _____

_____   _____   _____

_____   _____   _____

Snacks: _____

I drank ___ glasses of water today.

▢ ▢ ▢ ▢ ▢ ▢ ▢ ▢

I slept ___ hours last night.

Some of Today's Activities that Got Me Moving!

Today I felt happy about:

Things I can work on tomorrow:

Date: _____

What I Ate Today:

Breakfast: Lunch: Dinner:
_____   _____   _____
_____   _____   _____
_____   _____   _____

Snacks: _____

I drank ___ glasses of water today.

⬜ ⬜ ⬜ ⬜ ⬜ ⬜ ⬜ ⬜

I slept ___ hours last night.

Some of today's activities that got me moving!

Today I felt happy about:

Things I can work on tomorrow:

Date: _____

What I Ate Today:

Breakfast: Lunch: Dinner:

_____   _____   _____

_____   _____   _____

_____   _____   _____

Snacks: _____

I drank ___ glasses of water today.

☐ ☐ ☐ ☐ ☐ ☐ ☐ ☐

I slept ___ hours last night.

Some of Today's Activities That Got Me Moving!

Today I felt happy about:

Things I can work on tomorrow:

DATE: _____

What I Ate Today:

Breakfast: **Lunch:**   **Dinner:**

_____   _____   _____

_____   _____   _____

_____   _____   _____

Snacks: _____

I drank ____ glasses of water today.

▢ ▢ ▢ ▢ ▢ ▢ ▢ ▢

I slept ____ hours last night.

Some of today's activities that got me moving!

Today I felt happy about:

Things I can work on tomorrow:

Date: _____

What I ate Today:

Breakfast: Lunch: Dinner:

_____   _____   _____

_____   _____   _____

_____   _____   _____

Snacks: _____

I drank ____ glasses of water today.

⬜ ⬜ ⬜ ⬜ ⬜ ⬜ ⬜

I slept ____ hours last night.

Some of today's activities that got me moving!

Today I felt happy about:

Things I can work on tomorrow:

DATE: _____

What I Ate Today:

Breakfast: Lunch: Dinner:

_____   _____   _____

_____   _____   _____

_____   _____   _____

Snacks: _____

I drank ____ glasses of water today.

▯ ▯ ▯ ▯ ▯ ▯ ▯ ▯

I slept ____ hours last night.

Some of Today's Activities That Got Me Moving!

Today I Felt Happy About:

Things I Can Work On Tomorrow:

Date: _____

What I Ate Today:

Breakfast: Lunch: Dinner:

_____   _____   _____

_____   _____   _____

_____   _____   _____

Snacks: _____

I drank ___ glasses of water today.

▭ ▭ ▭ ▭ ▭ ▭ ▭ ▭

I slept ___ hours last night.

Some of today's activities that got me moving!

Today I felt happy about:

Things I can work on tomorrow:

Date: _____

What I Ate Today:

Breakfast: Lunch: Dinner:

_____   _____   _____

_____   _____   _____

_____   _____   _____

Snacks: _____

I drank ____ glasses of water today.

▢ ▢ ▢ ▢ ▢ ▢ ▢ ▢

I slept ____ hours last night.

Some of Today's Activities That Got Me Moving!

Today I felt happy about:

Things I can work on tomorrow:

Date: _____

What I Ate Today:

Breakfast: Lunch: Dinner:

_____   _____   _____

_____   _____   _____

_____   _____   _____

Snacks: _____

I drank ____ glasses of water today.

▯ ▯ ▯ ▯ ▯ ▯ ▯ ▯

I slept ____ hours last night.

Some of Today's Activities That Got Me Moving!

Today I felt happy about:

Things I can work on tomorrow:

Date: _____

What I ate Today:

Breakfast:
_____
_____
_____

Lunch:
_____
_____
_____

Dinner:
_____
_____
_____

Snacks: _____

I drank ____ glasses of water today.

▯ ▯ ▯ ▯ ▯ ▯ ▯ ▯

I slept ____ hours last night.

Some of today's activities that got me moving!

Today I felt happy about:

Things I can work on tomorrow:

DATE: _____

WHAT I ATE TODAY:

BREAKFAST: LUNCH: DINNER:

_____   _____   _____

_____   _____   _____

_____   _____   _____

SNACKS: _____

I DRANK ___ GLASSES OF WATER TODAY.

▯ ▯ ▯ ▯ ▯ ▯ ▯ ▯

I SLEPT ___ HOURS LAST NIGHT.

SOME OF TODAY'S ACTIVITIES THAT GOT ME MOVING!

TODAY I FELT HAPPY ABOUT:

THINGS I CAN WORK ON TOMORROW:

Date: _____

What I Ate Today:

Breakfast: | Lunch: | Dinner:
_____ | _____ | _____
_____ | _____ | _____
_____ | _____ | _____

Snacks: _____

I drank ____ glasses of water today.

I slept ____ hours last night.

Some of today's activities that got me moving!

Today I felt happy about:

Things I can work on tomorrow:

DATE: _____

WHAT I ATE TODAY:

BREAKFAST: LUNCH: DINNER:

_____   _____   _____

_____   _____   _____

_____   _____   _____

SNACKS: _____

I DRANK ___ GLASSES OF WATER TODAY.

☐ ☐ ☐ ☐ ☐ ☐ ☐ ☐

I SLEPT ___ HOURS LAST NIGHT.

SOME OF TODAY'S ACTIVITIES THAT GOT ME MOVING!

TODAY I FELT HAPPY ABOUT:

THINGS I CAN WORK ON TOMORROW:

Date: _____

What I ate today:

Breakfast: **Lunch:** **Dinner:**

_____ _____ _____

_____ _____ _____

_____ _____ _____

Snacks: _____

I drank ____ glasses of water today.

I slept ____ hours last night.

Some of today's activities that got me moving!

Today I felt happy about:

Things I can work on tomorrow:

Date: _____

What I Ate Today:

Breakfast: Lunch: Dinner:

_____ _____ _____

_____ _____ _____

_____ _____ _____

Snacks: _____

I drank ___ glasses of water today.

▯ ▯ ▯ ▯ ▯ ▯ ▯ ▯

I slept ___ hours last night.

Some of today's activities that got me moving!

Today I felt happy about:

Things I can work on tomorrow:

Date: _____

What I ate Today:

Breakfast: Lunch: Dinner:

_____   _____   _____

_____   _____   _____

_____   _____   _____

Snacks: _____

I drank ____ glasses of water today.

▯ ▯ ▯ ▯ ▯ ▯ ▯ ▯

I slept ____ hours last night.

Some of today's activities that got me moving!

Today I felt happy about:

Things I can work on tomorrow:

DATE: _____

What I Ate Today:

Breakfast: Lunch: Dinner:

_____   _____   _____

_____   _____   _____

_____   _____   _____

Snacks: _____

I drank ____ glasses of water today.

▯ ▯ ▯ ▯ ▯ ▯ ▯ ▯

I slept ____ hours last night.

Some of today's activities that got me moving!

Today I felt happy about:

Things I can work on tomorrow:

Made in the USA
Monee, IL
23 May 2022